Jonathan Byron

DIE WELT IN 60 MI

JOHANNES THIELE

ÄNDERE DEIN LEBEN

in 60 Minuten

THIELE VERLAG

Inhalt

Intro

Nichts scheint vermessener, als sein Leben in nur sechzig Minuten ändern zu wollen. Aber Sie können in einer Stunde ein tolles Menü für Ihre Freunde zaubern, ein tolles Buch zu lesen anfangen, einen tollen Spaziergang mit Sonnenuntergang machen, sich tolle Bilder in einem Museum anschauen und eben ein nicht ganz so tolles Leben ändern. Natürlich nicht mit einem Mal, sozusagen als Geniestreich. Doch sechzig Minuten reichen, um sich darüber klar zu werden, daß sich etwas ändern muß. Und den ersten Schritt zu tun, nämlich dieses kleine Buch zu lesen.

Es hat nur den einzigen Sinn, Ihre Phantasie anzuregen, Ihre Vorstellungskraft zu wecken, Ihre Träume zu bekräftigen und Ihnen einige Ideen an die Hand zu geben, mit denen Sie Kurs auf ein neues Leben nehmen können. Auf konkrete Beispiele habe ich bewußt verzichtet, um

Ihre Kreativität ganz auf Sie selbst zu lenken. Sie sollen nicht über Geschichten und Erfahrungen anderer Leute nachdenken, sondern über sich selbst.

Mit diesem Buch gehen Sie auf die Reise zu sich selbst. Es ist wie ein kleiner Reiseführer angelegt. Doch die Lektüre eines Reiseführers ersetzt nicht die Reise. Deshalb müssen Sie selbst losgehen. Zu sich selbst finden. Ich bin sicher, wenn Sie dort angekommen sind, werden Sie sich fragen, warum Sie nicht früher aufgebrochen sind. Ich weiß es, denn ich habe mir diese Frage auch gestellt.

»Wenn ich mehr Zeit hätte«, notierte Blaise Pascal, »würde ich einen kürzeren Brief schreiben.«

Und wenn ich mehr Zeit gehabt hätte, hätte ich ein noch kürzeres Buch geschrieben. Doch das war einfach nicht drin. Ich hoffe, Sie fühlen sich davon nicht gestört.

Etwas Neues wagen

Für gewöhnlich geht unser Leben so seinen Gang. In der Regel leben wir, ohne es großartig zu bemerken. Brüchig und fragwürdig wird dieses Leben jedoch, wenn uns eines Tages auffällt, daß wir nichts »Großartiges« mehr erwarten, sondern nur noch das Vertraute, Eingeschliffene, Routinierte. Die Muster des Stoffes ändern sich nicht mehr, das Gewebe wird nur noch abgetragener, zerschlissener mit der Zeit, durchscheinender. Wenn wir uns letzten Endes womöglich ein anderes Leben nicht einmal mehr vorstellen können, dann leben wir nur noch unsere Gewohnheiten ab, gefangen in einem Netz aus konventionellen Beziehungen und Überzeugungen, unfähig, etwas anderes zu wagen.

Am Wendepunkt

Eines Tages spüren wir, daß etwas nicht stimmt, daß etwas fehlt in unserem Leben.

Wir sind nicht so, wie wir gern sein möchten oder wie wir glauben, sein zu müssen. Ein Scheideweg, eine neue Phase in unserem Leben, ein Wendepunkt, eine Krise, wenn wir einen Schuß vor den Bug bekommen, all das kann schwierig und angsteinflößend sein.

Es gibt sogar Situationen im Leben, da denkt man: Jetzt geht es nicht mehr weiter. Jetzt ist alles verloren. Jetzt will ich nicht mehr. Jetzt kann ich nur noch resignieren und aufgeben. Es gibt Momente, in denen gesundheitlich, finanziell oder gefühlsmäßig alles verfahren erscheint, in denen man entdeckt, daß es mit der Ehe bergab geht oder daß in dem Beruf, in den man die letzten zwanzig Jahre seines Lebens investiert hat, garantiert nicht mehr weiterzukommen ist.

Oft sind es gar keine dramatischen Ereignisse, keine aufwühlenden Gefühle, welche die Zäsur markieren. Immer aber gibt es den einen Moment, an dem sich alles zu wenden scheint. Eines unverhofften Tages blicken Sie in den Spiegel und erkennen, wie fragwürdig Ihnen alles ist, wie unsicher Ihre Hoffnungen und wie zerbrechlich

Ihre Visionen geworden sind. Heimlich und unbemerkt haben sich Zweifel in Ihr Gesicht geschlichen. Ihre Augen blicken mit einem Mal skeptischer in die Welt.

Wer kann ich sein?

Sie haben das Gefühl, daß Ihr bisheriger Lebensentwurf von einem Tag auf den anderen brüchig geworden zu sein scheint. Sie beginnen, die Authentizität Ihres Lebens in Zweifel zu ziehen. Die Zukunft erscheint Ihnen düster bis schwarz. Fragen wirbeln wochen-, ja monatelang durch Ihren Kopf. Bohrende, nicht beiseite zu schiebende Fragen: Was gilt noch? Was hat Bestand? Wer kann ich sein? Was will ich mit dem Rest meines Lebens? Was werden künftig meine Motivationen und Lebenshoffnungen sein?

Welchen Sinn hat es, nun die Hände in den Schoß zu legen und um verlorene Zeit zu weinen? Keinen. Dadurch vergeuden wir auch noch den Rest unseres Lebens. Und dafür sind wir nicht gemacht. So lange wir atmen und klar denken können, so lange gibt es Möglichkeiten, die

Probleme zu bewältigen. Im Leben, das lernt man, geht es immer weiter. Eine banale Erkenntnis. Aber eine richtige.

Manchmal genügt schon ein Wort von einem, der es gut mit uns meint, um uns aus der Misere zu reißen. Manchmal ist es ein langer Prozeß, der sich über Jahre hinzieht. Abgeschlossen ist er erst, wenn wir erkennen, daß wir uns trotz allen Beistandes von außen selbst helfen müssen, und bereit sind, dies zu versuchen. Auf diesen Entschluß kommt es an. Auf nichts anderes. Wer ihn faßt, hat schon gewonnen. Das ist das ganze Geheimnis.

Doch um etwas Neues zu schaffen, müssen wir an das Neue zunächst einmal glauben. Wir müssen unseren Träumen vertrauen, denn in ihnen wird das allererste Bild des Neuen sichtbar – vage vielleicht erst noch, in kaum erkennbaren Konturen, unbestimmt, aber doch bereits *voller Leben*.

Auf dem Prüfstand

Nicht alles muß dazu über Bord geworfen werden. Es gilt durchaus, den eigenen Überzeugungen treu zu bleiben, wenn sie für uns wichtig sind. Doch sie müssen dann und wann auf den Prüfstand, ob sie uns so leben lassen, wie wir leben wollen. Träume werden nun einmal nicht automatisch wahr, nur weil wir an sie glauben. Doch umgekehrt ist es durchaus so, daß sie nicht wahr werden, wenn wir nicht an sie glauben. Dann bleibt alles, wie es ist. Niemand kommt an sein Ziel, der nicht an seine Träume glaubt.

Ein Fehler wäre es jedoch, sich irgendwelche Überzeugungen einreden zu wollen. »Nur mit dieser Vorstellung werde ich glücklich, nur in jenem Haus kann ich wirklich leben.« Ich kann mir nicht verordnen, etwas anderes zu glauben, nur weil es mir im Augenblick in den Sinn kommt oder weil sich Verheißungen daran zu knüpfen scheinen. Unser Bewußtsein kann da außerordentlich sperrig sein, es sucht die »Normalität« aufrechtzuerhalten und nicht unser Bedürfnis zu nähren, etwas Neues zu wagen.

In der Gegenwart leben

Denken Sie einen Augenblick über folgende Frage nach: »Wie weiß ich, daß ich lebe?«

Sie wissen es nur, wenn Sie sich lebendig fühlen. Sie atmen ... Sie schauen sich um und sehen ... Sie hören ... Sie fühlen etwas ... Sie riechen ... Sie bewegen sich ... Sie spüren Ihren Körper ... Sie haben Kontakt zur Natur ... Sie haben Verbindung zu Menschen ...

Das ist Ihre Gegenwart. Die Vergangenheit liegt hinter, die Zukunft vor Ihnen. Sie können Ihr Leben nur ändern, wenn Sie in der Gegenwart leben. Das hört sich banaler an, als es ist. Nicht wenige Menschen leben nämlich in der Vergangenheit und kommen nicht von ihr los. Andere leben in der Zukunft, verlieren sich in ihren Träumen und Phantasien, ohne jemals auch nur etwas von ihnen Wirklichkeit werden zu lassen. Alles geschieht jetzt und hier, in diesem Augenblick. Wir sind nicht erst dann lebendig, wenn wir unser Leben nach den Vorstellungen anderer richten, wenn wir reich, schön und erfolgreich sind, einen Luxuswagen fahren, bei der Olympiade siegen oder in Stockholm einen Nobelpreis in Empfang nehmen oder ähnliches. Wir sind lebendig, wenn wir die Kraft des Lebens in uns spüren.

Wir fühlen uns lebendig, wenn wir nicht stagnieren oder gar regredieren, sondern neue Erfahrungen machen, Siege und auch Niederlagen erleben. Wenn wir uns ins Leben stürzen, es nicht nur einfach an uns vorüberziehen lassen, als hätte es nichts mit uns zu tun. Wir fühlen uns lebendig, wenn wir uns nicht länger in Träumen von äußeren Zufällen und Winken des Schicksals verlieren, sondern den Alltag mit seinen Herausforderungen annehmen. Wir fühlen uns lebendig, wenn wir es schaffen, das Leben nicht nur auszuhalten, es nicht ständig nur mitzuspielen oder ihm nachzugeben, sondern Kraft und Energie für die eigenen Ziele einzusetzen, so riskant uns das auch erscheinen mag.

Alles beginnt mit der Phantasie

Das Leben zu ändern ist jedoch keine simple Kette von Herausforderung, Auftrag, Bewährung und dann Belohnung. Es läuft nicht nach Drehbuch ab, nicht nach Schema oder Plan. Es folgt der Phantasie und den Vorstellungen, nach denen sich das Handeln ausrichtet. Vorstellung impliziert, daß etwas *vor* die Handlung *gestellt* wird – eine Idee, ein Wunsch, ein Traum.

Ich muß eine Vorstellung davon haben, was zu tun ist. Wenn ich mir nicht vorstellen kann, heute abend einen Menschen kennenzulernen, werde ich zu Hause bleiben und eben niemanden kennenlernen. Wenn ich mir nicht vorstellen kann, ein kleines Haus in der Provence zu kaufen, werde ich eben nicht Prospekte wälzen, im Internet surfen, Makler aufsuchen, Objekte anschauen. Wenn ich mir nicht vorstellen kann, mich neu zu verlieben, werde ich mein Herz verschlossen halten.

In der Krise

Jede Lebenskrise stellt die Betroffenen vor ziemlich unbequeme Entscheidungen. Jetzt entscheidet sich, ob sie innerlich verhärten oder lebendig bleiben. Sie sind verwundet, können und wollen sich selbst nichts mehr vormachen. Und auch weil vieles im bisherigen Leben verdrängt worden ist, bleibt ein Unbehagen, das sich nicht wegwischen läßt. Das Unbehagen, etwas verpaßt zu haben. Etwas Wesentliches. Das Unbehagen, Chancen nicht genutzt zu haben. Das Unbehagen, sich etwas vorgemacht zu haben. Das Unbehagen, aus der Zeit geworfen, aus der Spur geraten zu sein. Irgendetwas, das wissen sie, läuft furchtbar schief.

Es gibt verschiedene Möglichkeiten, sich in der Lebensmitte zu verhalten. Die größte und unheimlichste Versuchung ist die wachsende Gleichgültigkeit: sich der bleiernen Resignation auszuliefern, der wuchernden Skepsis und der inneren Müdigkeit, die nichts Großes mehr wagt, nachzugeben. Einfach aufzugeben – wie verführerisch das manchmal ist! Man kann auch versuchen, die Zähne zusammenzubeißen und den Anforderungen des Alltags, des Berufs, der Beziehungen einfach standzuhalten, so lange und so gut es eben geht. Und man kann ausbrechen aus der Routine des Bisherigen, etwas Neues wagen, auf Abenteuer ausgehen. Aber wo ist die Strategie, die zum Ziel führt? Und was überhaupt ist das Ziel? Jetzt, wo schon mehr als die Hälfte des Lebens vorüber ist?

Strategien im Midlife

Auch Menschen, die meinen, die Midlife Crisis sei spurlos an ihnen vorübergegangen, kann sie eines unverhofften Tages mit voller Wucht packen. Es ist ein schleichender, langsamer Prozeß, der sie zunehmend orientierungsloser werden läßt, voller Selbstzweifel und ohne jeden Mut. Sie stehen diesem Phänomen, das sie bis in die Grundfesten erschüttert, völlig rat- und hilflos gegenüber. Sollen sie sich jetzt durch unendlich viele Ratgeber lesen, Psychologen aufsuchen, immer auf der Suche nach einer Erklärung für ihre große Unsicherheit, was sie mit dem Rest ihres Lebens anfangen sollen?

Viele verstecken sich dann, »machen einfach zu«. Sie vertrauen sich niemandem an. Sie schämen sich wegen der großen Verunsicherung, die von ihnen Besitz ergriffen hat, wo sie doch stets souverän über den Dingen stehen wollen. Sie fühlen sich wie eine Nußschale auf dem Ozean. Sie überlassen sich den übermächtig brandenden Gefühlen der Hilflosigkeit, unfähig, einen klaren Gedanken zu fassen, geschweige denn eine Strategie zu entwickeln, wie sie aus dem Loch, in das sie gefallen sind und dessen Tiefe sie nicht abzuschätzen vermögen, herausfinden könnten.

Doch selbst in den schwärzesten Stunden, in tiefster Verzweiflung und steinerner Trauer über die verpaßten Chancen im Leben werden sie nie den Faden verlieren, der sie mit dem Leben verbindet. Wie ein Ariadnefaden zeigt er Ihnen, daß die Zeit der Lebensmitte mit ihrer Anfälligkeit für die Verwundung der Seele und mit ihrer wachsenden Ermüdung und Erschöpfung auch sie in eine neue Dimension des Lebens führen kann.

Am Nullpunkt

Vielleicht spüren auch Sie eines Tages: Ich bin am Ende. Am absoluten Nullpunkt. Tiefer kann ich nicht fallen. Doch ausgerechnet in diesem Augenblick werden Sie auch mit seltsamer Klarheit begreifen: Dies muß die Wende sein. Die Lebensmitte ist immer eine Lebenswende. Es fällt Ihnen womöglich unendlich schwer, die tiefe Entmutigung, die Sie gepackt hat und festhält, zu überwinden. Doch es wird der Nullpunkt sein, an dem Sie beginnen, einen Ausweg zu suchen und ihn auch zu entdecken. Dieser Ausweg liegt in einem einzigen Satz, der Ihnen in leuchtender Evidenz klarmacht: *Wenn ich mein Leben nicht ändere, wird das Leben mich ändern.*

Dieser fundamentale, nicht widerlegbare Satz wird Ihnen zeigen: Das Leben funktioniert so und nicht anders. Er mag unbequem sein, Sie mögen sich gegen ihn wehren, doch Sie werden merken: Gegen universelle Wahrheiten Sturm zu laufen ist sinnlos. Ihre Sicht auf das Leben wird sich ändern, ob Sie ihr zustimmen oder nicht, ob es Ihnen nun gefällt oder nicht.

»Das Leben ist ein mutiges Abenteuer – oder gar nichts«, hat Helen Keller geschrieben. Und so werden Sie nach dem künftigen Rüstzeug für das größte Abenteuer überhaupt suchen – das Leben.

Wenn ich mein Leben nicht ändere, wird das Leben mich ändern. Dieser Satz berührt das Herz, ja dreht es um. Er läßt Sie die fragwürdigen, die seltsamen Dinge, die in und mit Ihnen geschahen, besser verstehen. Er scheint die Kraft zu haben, jegliche Verkapselung aufzubrechen, das Verschlossene wieder zu öffnen, den gefrorenen See der Seele zum Schmelzen zu bringen. Er scheint die Quintessenz Ihrer künftigen Existenz zu sein – voller Schmerz, Einsicht und Veränderung.

Man muß sich mit solchen Sätzen auseinandersetzen – widerlegen kann man sie nicht. Doch man kann sie durch seine Seele ziehen lassen – und zusehen, was passiert.

Der Schlüssel zur Tür

Die Tür zu einem zutiefst erfüllenden, wahren Leben liegt in jedem von uns – und für jeden gibt es einen anderen Schlüssel, mit dem er die Tür öffnen kann und den Mut findet, hindurchzugehen.

In jedem Leben gibt es Krisen. Ihre. Meine. Die der Frau, die Ihnen im Zug gegenübersitzt, während Sie dieses Buch lesen. Und jede Krise birgt eine einfache, aber entscheidende Wahrheit: Wir brauchen die Krise – die Angst, die Träume, den Sinn für das Mögliche, die Furcht vor dem Scheitern, die Verzweiflung über das Leben, das wir führen, die Sehnsucht nach dem Leben, das wir gern führen würden. Die Krise schenkt uns den Glauben, daß wir wichtig sind; daß es mehr gibt als den flüchtigen Augenblick; daß wir irgendwie unsere Bedeutungslosigkeit überwinden können. Und mehr noch: Die Krise läßt uns den Schatten spüren, der immer auf uns fällt, der uns stets begleitet und dem wir nie entkommen können. Hinter allem lauert eine Gefahr. Die Gefahr, die wir für uns selbst darstellen.

Wo stehe ich?
Wo will ich hin?

Legen Sie sich ein Büchlein an, in das Sie Ihre Gedanken schreiben. Es sollte ein schönes Büchlein sein, vielleicht von Moleskine oder von Paperblanks. Dahinein kommen dann all die Erfahrungen, die Sie machen, aber auch die Hinweise, Tips und Ratschläge von Menschen, die Ihnen in wichtigen Momenten Ihres Lebens weitergeholfen haben. Oder Beobachtungen, die Sie machen, und kleine Geschichten, die Sie erleben. Zitate aus Büchern, die Ihnen wichtig geworden sind. Mit der Zeit wird aus dem Büchlein Ihr ganz persönlicher Companion, ein Fundus an Ansichten, Ideen und Vorschlägen zum Leben. Halten Sie Ihr Notizbüchlein geheim. Es geht niemanden etwas an. Nicht einmal Ihren Ehepartner.

Der folgende Fragebogen zur Situationsanalyse wird Ihnen helfen, die verschiedenen Facetten Ihrer Persönlichkeit besser einzuschätzen. Es sind 38 Fragen, um sich besser kennenzulernen.

Fragebogen

1 Was würden Sie vorziehen: ein wildes, turbulentes Leben voller Spaß, Kummer, Leidenschaft und Abenteuer, berauschender Erfolge und niederschmetternder Rückschläge – oder ein glückliches, gesichertes, vorhersehbares Leben, umgeben von lieben Freunden und guter Familie ohne solch ein großes Spektrum an Erlebnissen und Stimmungen?

....

2 Worauf kommt es Ihnen in Beziehungen am meisten an?

....

....

3 Welche Dinge sind für Sie zu persönlich, um sie mit anderen zu besprechen?

....

....

4 Wenn Sie zwischen den folgenden Lebenswegen wählen müßten, für welchen würden Sie sich entscheiden? Beim ersten werden Sie viele Jahre lang sehr glücklich sein, dann werden Sie sich nach und nach leer und unzufrieden fühlen. Beim zweiten werden Sie viele schwierige Jahre haben, sich mit zunehmendem Alter aber immer glücklicher und erfüllter fühlen.

....

....

5 Wenn man Ihnen ehrliche Antworten auf drei Fragen Ihrer Wahl zusichern würde: Wen würden Sie fragen, und welche Fragen wären das?

....

....

....

6 Was würde Sie dazu bringen, Ihr gewohntes Leben aufzugeben und sich Unbekanntem zuzuwenden?

....

....

7 Wenn Sie genug Geld hätten, um sich einen materiellen Wunsch zu erfüllen, wofür würden Sie es jetzt ausgeben? Und warum?

....

....

....

8 Ihr Spiegel zeigt Ihnen immer die Wahrheit über sich selbst und andere. Was möchten Sie über sich erfahren?

....

....

....

9 Welches Geräusch lieben Sie?

....

....

10 Welche wichtige Erkenntnis mußten Sie sich hart erarbeiten?

....

....

....

11 Was riechen Sie gerne? Was ist für Sie der liebste Duft?

....

....

12 Was berühren Sie am liebsten mit der Hand? Was verschafft Ihnen das schönste Gefühl auf der Haut?

....

....

....

13 Wofür brauchen Sie absolute Ruhe, Ungestörtheit und Stille?

....

....

....

14 Was brauchen Sie, um sich richtig geborgen zu fühlen?

....

....

....

15 Was langweilt Sie maßlos? Welchen Rang nimmt es in Ihrem Leben ein?

....

....

....

16 Welche Art von Freiheit ist Ihnen wichtig und warum?

....

....

....

....

17 Was wäre das Schlimmste, das Ihnen jemals widerfahren könnte?

....

....

18 Wie verändern Sie sich, wenn Sie von jemandem geliebt und begehrt werden?

....

....

....

19 Was bringt Sie zum Lachen?

....

....

20 Wenn Sie sich nicht durchsetzen können – was genau hindert Sie daran?

....

....

21 Wo in Ihnen ist Ihr Gefühl versteckt?

....

....

22 Wo sind Sie am liebsten, wenn Sie allein sind? Haben Sie ein Versteck?

....

....

....

23 Was benötigen Sie, um zufrieden zu sein?

....

....

....

24 Wofür, glauben Sie, werden Sie von Ihren Freunden gemocht und geschätzt?

....

....

....

25 Worauf wollen Sie nicht mehr warten müssen?

....

....

26 Was können Sie besonders gut?

....

....

27 Welche Gedanken teilen Sie anderen nicht mit?

....

....

28 Was gibt Ihnen Kraft?

....

....

....

29 Wen oder was wünschen Sie sich weg?

....

....

....

30 Auf welchen von Ihnen geleisteten Liebesbeweis sind Sie besonders stolz?

....

....

....

31 Was machen Sie am liebsten, wenn Sie alleine sind? Wie oft kommt das vor?

....

....

....

....

32 Was möchten Sie unbedingt haben, obwohl Sie es nicht brauchen?

....

....

....

33 Was möchten Sie viel besser verstehen können?

....

....

....

34 Was macht für Sie einen besonderen Augenblick aus?

....

....

....

....

35 Was machen Sie am liebsten nur alleine?

....

....

....

36 Wer liebt Sie? Und woran merken Sie es?

....

....

....

....

37 Sind Sie, wie und was Sie sein wollen?

....

....

....

38 Wie spüren Sie Ihre Seele?

....

....

....

....

Und die letzte Frage:
Was raten Sie dem Menschen, der die Fragen so beantwortet hat, wie Sie es getan haben?

....

....

....

....

....

....

....

....

....

Plus und Minus

Wenn wir die Absicht haben, unser Leben zu verändern, müssen wir zunächst Bilanz ziehen. Aus der Analyse entwickeln wir dann einzelne Schritte für die Zukunft. Die Schritte wären sinnlos und führten in die Irre, wenn wir nicht vor dem Handeln eine Bestandsaufnahme unserer Situation gemacht hätten.

Am besten halten Sie Ihre Überlegungen schriftlich fest. Das hilft Ihnen beim Sortieren der Gedanken. Wichtig ist, alles in ein Buch zu schreiben, nicht auf einzelne Zettel, die verlorengehen oder durcheinandergeraten können. Die Notizen werden Ihnen helfen, zu ruhigem Überlegen zu finden. Nehmen Sie sich genug Zeit.

Eine schriftliche Bestandsaufnahme beruht auf folgenden Fragen:

1. Wo stehe ich?
2. Was will ich?
3. Was brauche ich?

Schlagen Sie eine Doppelseite in Ihrem Notizbuch auf, schreiben Sie auf die linke Seite ein

Pluszeichen für alles Positive in Ihrem Leben, auf die rechte Seite ein Minuszeichen für alles Veränderungswürdige und Unangenehme. Denken Sie zunächst über die Vergangenheit nach, die Sie an den Platz geführt hat, an dem Sie jetzt stehen. Dann stellen Sie – möglichst konkret – fest, womit Sie zufrieden sind und womit unzufrieden.

Überdenken Sie Ihre persönliche Entwicklung, Ihre beruflichen Fähigkeiten, Ihre besonderen Talente und Qualifikationen, Ihre Charakterstärken und -fehler, den äußeren Status, den Sie in der Welt einnehmen, die verschiedenen Rollen, die Sie spielen, die Verpflichtungen, die Sie gegenüber Ihren Mitmenschen eingegangen sind oder übernommen haben. Überschrift: *Wo stehe ich?*

Unter das Pluszeichen schreiben Sie alle Eigenschaften, Begebenheiten und Erfahrungen Ihres Lebens, die folgende spontane Reaktion in Ihnen auslösen: Das ist gut! Das will ich beibehalten! Das will ich nicht missen! Das macht mich glücklich!

Unter das Minuszeichen schreiben Sie alle Eigenschaften, Begebenheiten und Erfahrungen Ihres Lebens, die diese spontane Reaktion in Ihnen auslösen: Das ist nicht gut! Das betrübt mich! Das will ich nicht behalten! Das ist nicht mein Ding! Das will ich ändern!

Wenn Sie die Eintragungen beendet haben, klappen Sie das Notizbuch zu und lassen es einige Tage liegen, ohne etwas Wesentliches am Aufgezeichneten zu verändern. Sehen Sie es sich immer wieder an. Ergänzen Sie, aber streichen Sie nichts. Schließlich ist eine Bestandsaufnahme keine Kritik am eigenen Leben. Lassen Sie sich Zeit! Überdenken Sie Ihr Leben in Ruhe!

Die Strategie der Zukunft

Der zweite Schritt ist der Blick in die Zukunft. Schlagen Sie eine neue Doppelseite auf. Die Überschrift lautet: *Was will ich?* Alles ist erlaubt. Lassen Sie Ihren Gedanken freien Lauf. Schreiben Sie Ihre Wunschträume auf, realistische und unrealistische. Nichts wird zensiert.

Nichts ist unmöglich. Betrachten Sie das Ergebnis. Finden Sie heraus, was Sie wollen.

Der dritte Schritt ist der schwierigste. Stellen Sie nun eine Verbindung zwischen Ihrer Bestandsaufnahme und Ihren Wunschträumen her. Entwickeln Sie eine Strategie Ihres Handelns.

Ihre Vergangenheit können Sie nicht ändern. Die Zukunft ist offen und ungewiß. Sie bestimmen die Ziele und den Weg selbst.

Die Landkarte des Lebens

Wir alle trachten und streben danach, das Leben zu verbessern. Es scheint in unseren Genen zu liegen, in unserer Veranlagung. Doch die Veränderung unseres Lebens ist kein Ziel, an dem der Mensch eines Tages im Jahre X um 12.15 Uhr ankommt. Es ist ein Weg. Ein Prozeß. Eine lebenslange Aufgabe.

Doch bevor wir uns auf den Weg machen, sollten wir eine Landkarte haben, eine Route, der wir folgen wollen. Um zu dieser Landkarte des Lebens zu gelangen, braucht es eine Fülle an Überlegungen und Entscheidungen. Es gibt eine unglaubliche Vielzahl von Wegen, die wir gehen können, eine irritierende Vielfalt an Richtungsentscheidungen, Weichenstellungen. Doch unabhängig davon, wie klar umrissen oder auch dringend die Visionen und

Ziele des Lebens ist – auch die längste Reise beginnt mit einem kleinen Schritt, der bekanntlich der schwerste oder der leichteste ist – je nachdem.

Fallen und Hürden

Mit einer einmal gefaßten und womöglich erkämpften Entscheidung ist es nicht getan. Jeder, der sich einmal zu einer grundlegenden Veränderung in seinem Leben entschlossen hat, weiß, daß die wirklichen Hürden erst noch vor ihm liegen: Fallen, die ihn vielleicht vom Weg abbringen, Angst-, Flucht-, Entscheidungs- und Perfektionismusfallen.

Wie überwinde ich die Ängste, die tief in mir stecken, die gelernt sind und die mich wie ein Drei-Komponenten-Kleber an den Platz binden, den ich vor Jahren eingenommen habe und der mir vermeintlich zugedacht wurde?

Das Leben zu ändern muß natürlich gewollt sein und ist doch schwer. Weil Veränderung nie zum Nulltarif zu haben ist, sondern mit Erfahrungen erkauft wird, schmerzlichen wie schönen

Erfahrungen. Alles, was lebendig ist, verändert sich ständig. Es kommt darauf an, dies nun bewußt zu tun.

Das Ziel ins Auge fassen

Brechen Sie in dieser Sekunde im Geiste die Brücken hinter sich ab! Stellen Sie sich für einen Augenblick auf die Zehenspitzen und schauen Sie weit nach vorn und über den Horizont hinaus: Dort hinten, nach einer Reihe von Schritten, die Sie gehen müssen, die ermüdend sein werden bis zur letzten Kraftreserve, liegt Ihr Ziel. Dort wollen Sie hin.

Sie wollen ihr Leben ändern. Sie haben sich vorgenommen, in Ihrem Leben einen Schritt nach vorn zu gehen, den Sie bislang noch nicht gegangen sind. Sie stehen vor einer neuen Zielrichtung und wollen sich vergewissern, ob die Entscheidung klug ist und die Landkarte detailliert genug. Sie suchen nach Tips und Techniken, die Ihnen helfen, die anstehenden Veränderungen in Angriff zu nehmen und dann weiterzuentwickeln.

Manche Menschen planen ihren Urlaub länger und gründlicher als ihr Leben. Nur wenige haben eine klare Vorstellung davon, wo der Weg oder zumindest der nächste Schritt hinführen soll. Es geht hier nicht darum, ein paar Pfunde purzeln zu lassen, das Rauchen aufzugeben oder abends eine Runde zu joggen. Es geht nicht um gute Vorsätze und wohlmeinende Absichten. Es geht um die *grundlegende* Veränderung eines Lebens, das wir *so* nicht mehr leben wollen. *Das wir anders leben wollen.*

Es geht auch nicht um die extreme Vereinfachung des doch eigentlich komplizierten Daseins. Ein paar kleine »Kniffe« reichen nicht, um das große Kunstwerk »Leben« in den Griff zu bekommen, die Weichen neu zu stellen, so daß alles leicht und locker wird. Das Leben *ist* schwer. Eine komplexe und immer wieder neu zu bewältigende Herausforderung. Es ist weder vorgezeichnet noch läßt es sich bis ins letzte planen und bestimmen.

Vorsicht vor Ratgebern

Darum wird Ihnen fast die gesamte Ratgeberliteratur nicht weiterhelfen. Denn sie vergißt das Individuum mit seinen ganz eigenen Vorstellungen von dem, was lebens- und erstrebenswert ist. Immer wieder werden Lebensmodelle und -strategien entworfen, die es zu übernehmen gilt. Immer wieder aufs neue wird unterstrichen, daß der jeweilige Weg »ultimativ« sei. Dabei gibt es so viele unterschiedliche Lebenskonzepte und Glücksvorstellungen, wie Menschen auf diesem Planeten existieren. Jeder hat seine persönliche Vorstellung, was er ändern möchte, um sein Leben zu verbessern.

Die Wahl dessen, wo Ihre Reise hingehen soll, liegt bei Ihnen. Lassen Sie sich Ihre Träume nicht nehmen. Niemals! Lassen Sie sie sich von niemandem ausreden. Niemals! Lassen Sie sich nicht verbieten, noch vor dem berühmten kleinen, ersten Schritt den großen, noch nicht abgegoltenen Traum zu träumen. Niemals!

Neu anfangen kann man immer

Ja, wirklich. Warum auch nicht? Es ist nie zu spät dafür, und wer das behauptet, hat nur die bequemste Ausrede von allen entdeckt. Unsere Gesellschaft hat sich verändert. Wir sind mobiler geworden, flexibler und toleranter. Niemand wird heutzutage mehr gezwungen, sein ganzes Leben lang ein und denselben Beruf auszuüben. Fast niemand glaubt mehr daran, daß man mit sechzehn oder achtzehn Jahren seine Stärken kennt und auf Anhieb den Beruf fürs Leben findet. Und niemand sagt heute: »Mit achtzehn wolltest du Lehrerin werden. Du hast dich geirrt. Zur Strafe wirst du dein ganzes Leben lang Lehrerin bleiben.« Oft weiß man erst mit dreißig oder vierzig oder sogar noch später, was man wirklich will und kann. Es ist kein Verbrechen, so oft neu anzufangen, bis man das, was man sucht, gefunden hat. Im Gegenteil. Es ist sogar Pflicht.

Man muß die Zeichen erkennen. Wenn Sie zu denken beginnen: »Das kann doch nicht alles sein«, dann wird es Zeit, das Leben zu ändern: nach einer Enttäuschung im Beruf oder in der

Liebe, nach einem schweren Schicksalsschlag oder nur deshalb, weil Ihnen Ihre langweilige Existenz zum Hals heraushängt und Sie – trotz allem – fühlen, daß sie mit dreißig, vierzig, fünfzig oder sechzig genug Kraft haben, um noch einmal etwas ganz Neues auf die Beine zu stellen.

Lebensträume

Alle Menschen kennen sie, viele Menschen haben sie – Lebensträume. Einmal im Leben dies machen oder das wagen. Aussteigen aus der als zu eng empfundenen Existenz, das Abenteuer suchen, das Ungeplante, Herausfordernde. Das Risiko. Das große Erlebnis. Mehr wagen, als das Leben uns zuzuteilen scheint.

Wer seinen Traum nicht lebt, vergeudet seine Zeit, indem er Dinge verfolgt, von denen er meint, daß sie ihn glücklich machen, und von denen er glaubt, daß sie ihm Erfüllung bringen. Entfernt er sich von seinem Traum, relativiert er ihn gar oder weist er ihn in seine Schranken, wird er eines Tages vergessen, wie sein Traum eigentlich aussieht.

Wir haben die Wahl

Wir haben immer die Wahl. Das Problem ist nur, daß wir oft unsere Entscheidungsfähigkeit an Gewohnheiten delegiert haben, die sich vor langer Zeit gebildet haben und deren Nützlichkeit und Berechtigung fragwürdig geworden sind. Gewohnheiten zu verändern bedeutet Anstrengung und auch Arbeit. Niemand wird sein Leben ändern, nur weil er dieses Buch liest, ebensowenig wie er Italien kennenlernen kann, nur weil er einen Reiseführer über Italien liest. Vielleicht wird er bei der Lektüre eine Vorstellung von Italien haben, aber nicht mehr. Schon gar keine Anschauung oder Erfahrung. Er wird Italien nur erleben, wenn er aktiv wird und hinfährt. Und so wird er auch nur erleben, wie es ist, sein Leben zu ändern, wenn er *beginnt*, es zu ändern.

Letzten Endes kommt alles auf einen selbst an. Auf niemanden sonst. Es hängt von uns ab, es hängt alles an uns, es läßt sich nicht verschieben, delegieren oder absichern.

Träume zu verwirklichen heißt, sie der Gegenwart auszusetzen. Nicht der Zukunft – der Gegenwart! Und das jetzt und nicht später, »wenn ich mal Zeit habe«, »wenn die Umstände besser sind«. *Lebe deine Träume* – diese Aufforderung läßt sich nicht auf ein Später, ein Irgendwann verschieben. Es bedeutet immer: Lebe deine Träume *jetzt*.

Zutrauen

Zuallererst müssen Sie sich mehr zutrauen. Sie müssen ein völliges Desinteresse für die Grenzen Ihrer Fähigkeiten entwickeln.

Versuchen Sie, Dinge zu tun, die Sie nicht können. Oder die Sie sich nicht zutrauen.

Wenn Sie glauben, daß das, was Sie sich vornehmen, eigentlich eine Nummer zu groß für Sie ist, dann sollte genau das Ihr Ziel sein.

Wenn Sie glauben, das nicht schaffen zu können, was Sie anpacken wollen, dann ist das genau Ihr Ding.

Wenn Sie glauben, der Horizont ist in unerreichbarer Ferne, dann haben Sie recht.

Gehen Sie einfach los.

Die besten Methoden

Fragt man einen Menschen, warum er seinen Traum nicht verwirklicht, nicht das Leben führt, das er leben will, zählt er vermutlich eine

Reihe von Dingen auf, an denen es ihm fehlt: Geld, Informationen, Zeit, Chancen, Beziehungen. Doch das sind alles nicht die wichtigen strategischen Elemente, sondern nur Methoden und Mittel, und so vernünftig sie klingen und so notwendig sie uns erscheinen, in Wirklichkeit sind sie eher nebensächlich und austauschbar.

Es ist weder klug noch sinnvoll, seine Absichten von den Methoden, die zur Verfügung stehen, abhängig zu machen. Wenn wir nur auf das blicken, was wir haben oder uns verschaffen können, bevor wir entscheiden, was wir haben wollen, werden wir uns immer lieber mit wenigem begnügen, anstatt zu handeln und etwas in Angriff zu nehmen. Wir brauchen viel weniger Voraussetzungen, als wir meinen oder ins Feld führen.

Wenn unser Leben langweilig und unausgefüllt ist, dann liegt das daran, daß wir es damit zubringen, die uns bereits verfügbaren Methoden und Mittel immer wieder neu zu mischen und zu kombinieren. Es führt aber nicht dazu, etwas Neues auszuprobieren; es ist vielmehr, als würde man auf dem Deck der sinkenden Titanic die Liegestühle umarrangieren. Dabei spielt es keine Rolle, wie gut man diese Aufgabe erledigt, es läuft immer auf dasselbe hinaus. Wer tut, was er immer schon getan hat, mit den Methoden und Mitteln, die ihm immer schon zur Verfügung gestanden haben, bekommt nämlich nur das, was er immer schon bekommen hat.

Strategien des Herzens

Ist mein Lebenstraum überhaupt realistisch, Strategien hin oder her, fragen sich manche besorgt. Doch was ist schon Realität? Realität ist niemals das, was noch nicht ist, deshalb bringt sie uns nicht wesentlich weiter. Es ist wichtiger, bei unseren Lebensträumen auf das Herz zu hören als auf die Realität, besser: Strategien des Herzens zu entwickeln als Strategien der Methoden und Mittel. Den Traum zur Absicht zu machen. Sich zu verpflichten, ihn zu erfüllen. Entsprechend dieser Verpflichtung zu handeln.

Es geht um unsere Wünsche, um unsere Träume, nicht um unsere Grenzen. Und schon gar nicht um unsere Bedürfnisse. Unsere Bedürfnisse sind in der Regel schon erfüllt – Nahrung, ein Dach über dem Kopf, Kleidung, Luft zum Atmen, Wasser zum Trinken – sehr viel mehr Bedürfnisse zum Leben gibt es nicht. Alle anderen Dinge, von denen wir *glauben*, daß wir sie brauchen, sind keine Bedürfnisse, sondern Wünsche.

Schluß mit den Bedenken

Machen Sie sich von möglichen Bedenken und Einwänden frei. Sie haben lange darüber nachgedacht, was ihr Lebenstraum ist, welche Strategie Sie verfolgen wollen, um ihn zu verwirklichen. Seien Sie klug und überlegen Sie nun genau, was und wie Sie das anpacken wollen. Doch wenn Sie Ihre Entscheidung getroffen haben, marschieren Sie los. Lassen Sie sich nicht aufhalten. Überlegen Sie: Welches Ziel würden Sie anstreben, wenn Sie wüßten, daß Sie *nicht* scheitern können? *Das* ist ihr Ziel.

Aus diesem Wissen heraus machen Sie reinen Tisch. Fangen Sie ganz von vorne an. Wenn der Traum, den Sie träumen, wirklich Ihr ureigener ist, wird er auch die kritischsten Fragen überstehen, die Ihnen in den Sinn kommen oder die Ihnen gestellt werden. Falls die Zeit noch nicht reif sein sollte, um über Ihre Strategie Gewißheit zu bekommen, wird nichts und niemand das Geheimnis lüften. Und wenn die Zeit gekommen ist, dann sollten Sie sich Ihrem Traum verpflichten.

Verpflichtung auf den Traum

Mit der Verpflichtung wird es ernst. Widerstehen Sie der Versuchung, an Ihre Verpflichtung folgende stillschweigende Formulierung anzuhängen: »… solange keine Unannehmlichkeiten eintreten.« Denn es sind gerade die »Unannehmlichkeiten«, die den Wert und die Bedeutung von Verpflichtungen ausmachen.

Je genauer Ihre Verpflichtung ausfällt, desto klarer wird Ihnen, was Sie sich versprechen können, weil Sie den leidenschaftlichen Wunsch haben, diese Verpflichtung zu erfüllen.

Greifen Sie nicht zu niedrig. Legen Sie die Latte auf jeden Fall höher als Sie meinen, springen zu können. Ein *großer Traum* – einer, den Sie nicht in diesem, vielleicht auch noch nicht im nächsten Jahr zum Ziel führen können – das ist das Versprechen, das Sie sich selbst geben.

Indem Sie über diese Fragen nachdenken, verbrennen Sie ein wenig mehr von dem unnötigen Fett, das unter der Bezeichnung Angst und Selbstbetrug bekannt ist, und konzentrieren sich darauf, wer Sie sind und welches Versprechen Sie sich geben wollen.

Freude an kleinen Schritten

Selbstbestimmung. Die Freiheit zu experimentieren. Intimität. Und Tiefgang. Diese Vorteile in die Waagschale zu werfen ist unbezahlbar. Viel mehr als nur Ressourcen, die kleinen Mittel und Methoden. Ändern Sie Ihre Sichtweise, und alles, was klein war, wird Ihnen unendlich groß erscheinen. Ihr Traum kann nicht groß genug sein – keine Angst, Sie werden nicht größenwahnsinnig! –, aber Sie müssen auch Freude gewinnen an den kleinen Schritten. *Small is beautiful.* Die Begrenzung ist die Quelle der Schönheit, und Grenzen zwingen naturgemäß zu gesteigerter Kreativität, lehnt man es ab, vor ihnen zu kapitulieren oder sich in die Schranken weisen zu lassen.

Angst vor der eigenen Courage

Warum sollte sich ein Maler an die Arbeit machen, wenn er nicht durch seine Malerei verwandelt wird?« lautete die Frage des französischen Philosophen Michel Foucault. So ergeht es uns allen, die wir daran gehen, unser Leben zu ändern. Sie lernen sich kennen, wie Sie wirklich sind, weil es Ihnen Anstrengung abverlangt. Lebensänderung ist eine unendlich tiefe Erfahrung. Ist die Idee das Engagement wert? Lohnt es sich, tief einzusteigen und sich dem Abenteuer auszusetzen?

Schrecksekunden müssen sein. Achten Sie darauf. Es mag sein, daß Sie Angst vor der eigenen Courage bekommen, wenn es ernst wird. Das ist nichts Ungewöhnliches. Rückschläge sind weniger niederschmetternd, wenn das angesteuerte Ziel, das Versprechen groß ist. Im Verhältnis dazu wird eine einzelne Niederlage unbedeutend. Schließlich ist jeder darauf gefaßt, auch einmal auf Ablehnung zu stoßen. Doch wenn man Ablehnung gar nicht mal als solche empfindet, ist der Schaden, den sie anrichtet, minimal und auf jeden Fall zu verkraften.

NEIN in Großbuchstaben

Die Verpflichtung, einen Lebenstraum in die Tat umzusetzen, ist keine einmalige Angelegenheit. Man muß sich täglich, ständig festlegen. Wir stehen immer wieder vor der Entscheidung, uns unserem Traum zu verpflichten. Es kommt nicht darauf an, große oder viele Worte zu machen. Es kommt auf die Tat, das aktive Handeln an. Solange Sie nicht handeln, ist Ihre Verpflichtung das Papier nicht wert, auf das Sie sie geschrieben haben.

Gehen Sie keine Verpflichtung ein, die Sie gar nicht einzuhalten gedenken. Lernen Sie, nein zu sagen, NEIN in Großbuchstaben, denn wenn Sie sich einem Traum verpflichten, besteht einer der großen Tests für Ihre Ernsthaftigkeit darin, ob Sie zu Ablenkungen nein sagen, die sich auf dem Weg zum Ziel ergeben.

Halten Sie Ihre Verpflichtung schriftlich fest. »Ich werde dieses Ziel während der nächsten zwei Jahre verfolgen und einfach mal sehen, was passiert« – eine solche Vereinbarung mit sich selbst ist nichts wert. Sie können Ihrem Traum einen Zeitrahmen geben, wenn Sie möchten, doch unterlassen Sie alles, was ihn einschränkt oder relativiert. Notieren Sie sich auf einem Blatt Papier folgenden Satz: »Alle Vereinbarungen, die ich mit mir selbst treffe, müssen schriftlich festgelegt werden. Bei allem anderen handelt es sich nur um gute, aber unverbindliche Ideen.«

Zeigen Sie das Papier niemandem. Es ist Ihr Geheimnis.

Der große Plan

Stellen Sie sich eine Situation vor, in der wir alle machen könnten, was wir wollten. Ohne Einschränkungen und nervige Mitmenschen, die einem ständig reinreden.

Was würden Sie dann machen?

Alle kreativen Menschen brauchen etwas, gegen das sie sich auflehnen können. Das macht ihr Leben spannender.

Talent ist hilfreich. Aber nur mit Ehrgeiz kommen Sie nicht weit. Alle wollen Erfolg haben, aber kaum jemand ist bereit, dafür die notwendigen Opfer zu bringen.

Viele suchen nach einem Rezept. Doch es gibt keine Rezepte zum Leben. Es gibt ja nicht einmal Kochrezepte, die einigermaßen funktionieren. Eine Garantie für ein Gelingen des Lebens wird Ihnen niemand geben können.

Man kann nur aus seinen Fehlern lernen und Erfahrungen sammeln.

Sie werden genau der Mensch werden, der Sie sein wollen.

Ein Plan bringt zum Ziel

Für die großen Veränderungen im Leben brauchen Sie keine Listen. Das Leben richtet sich sowieso nicht danach. Wohl aber brauchen Sie einen Plan.

Wir planen nicht, zu scheitern; wir scheitern, weil wir keine Pläne machen. Zwar ist Skepsis gegen zuviel Planung berechtigt: Es ist eine bekannte Tatsache, daß langfristige Planungen niemals funktionieren. Wir erreichen unsere Ziele fast immer durch andere Mittel und Wege als durch die, die wir vorgesehen hatten. Warum also groß planen? Weil Menschen, die keine langfristigen Pläne machen, selten dort hinkommen, wo sie hinwollen. Anders gesagt: Ein Plan bringt Sie zum Ziel, aber nicht so, wie Sie es geplant haben.

Also ist es wichtig, Pläne zu schmieden. Aber auch, darauf vorbereitet zu sein, daß es durchaus erforderlich sein kann, auf halber Strecke umsteuern zu müssen. Halten Sie jedoch an Ihrem

Ziel, an Ihrem Traum fest. Konzentrieren Sie sich voll darauf. Sie werden unterwegs auf alle möglichen Mittel und Wege stoßen, die Sie zum Ziel bringen. Vor allem Mittel und Wege, die in Ihrem Plan überhaupt nicht vorgesehen waren. Das ist nicht schlimm und nicht verwerflich, sondern ein Glücksfall. Es macht die Sache ganz einfach spannender.

Einen Rhythmus finden

Wenn Sie einen Arbeitsplan für die Realisierung Ihres großen Lebenstraumes anlegen, sollten Sie sich vornehmen, täglich ein bißchen an ihm zu arbeiten. Nehmen Sie sich nicht von vornherein zu große oder zu lange Pausen vor, das bringt Sie nur aus dem Takt. Sie müssen einen Rhythmus zwischen voller Beanspruchung und lässigem Gestus finden, ohne Verbissenheit und ohne sich zu verzetteln oder sich in kleinen Einzelschritten zu verheddern. Vermeiden Sie es – besonders im frühen Stadium Ihres großen Projektes –, detaillierte, klar umrissene Angelegenheiten zu weit im voraus zu planen. Ein informatives Telefongespräch kann den gesamten Ablauf nämlich rasch verändern und Ihre Planung über den Haufen werfen. Plötzlich stoßen Sie auf eine viel bessere Methode als die ursprünglich ins Auge gefaßte. Schon ändern sich Prioritäten, tun sich neue Möglichkeiten auf, verheißungsvoller als die ursprünglich gedachten.

Auch wenn Sie sich auf Ihr Gedächtnis verlassen wollen oder können, es ist wichtig, möglichst viel aufzuschreiben. Und auch wenn es nicht darum geht, Ihr Projekt in detaillierten Listen Punkt für Punkt abzuarbeiten, und Sie dabei womöglich sogar den Spaß an der Sache verlieren – ohne Notizen wird es nicht gehen. Machen Sie sich also Notizen selbst dann, wenn Sie ein ausgezeichnetes Gedächtnis haben. Dann brauchen Sie sich die Dinge nicht zu merken. Ihr Kopf ist dann frei, um sich kreativeren Beschäftigungen widmen zu können.

Notieren Sie in Ihre persönliche Agenda, welche Aufgaben Sie erledigen, wen Sie anrufen, wen Sie treffen müssen. Es werden größere und kleinere Aufgaben sein, wichtige Dinge und Nebensächlichkeiten, Termine und Pflichten. Der Plan gibt Ihnen das Gerüst, ein Gefühl der Sicherheit, auch wenn er nicht in Stein gemeißelt wird und der Nachwelt von Ihren Bemühungen künden wird.

Timing ist alles

Wir warten immer auf den perfekten Zeitpunkt. Timing ist alles, meinen wir. Dabei lohnt es sich nicht, auf die nächste Gelegenheit zu warten. Die beste Chance ist die, die wir gerade jetzt haben.

Was auch immer auf Ihrem Tisch liegt, welche Idee, welches Vorhaben auch immer – wenn es sich realisieren läßt, verwirklichen Sie es. *Jetzt.*

Das ist die Herausforderung, auf die Sie gewartet haben. Und sollte das Ergebnis nicht berauschend und großartig sein, wissen Sie auf jeden Fall, daß Sie alles gegeben haben. Vielleicht können Sie etwas daraus lernen.

Es ist eine banale Tatsache, muß aber immer wieder von neuem ins Gedächtnis gerufen werden: Glück und Zufriedenheit haben wenig mit Reichtum und dem großen Plus auf der Habenseite zu tun. Vieles jedoch mit Zeit. Mit Zeit, Freiheit, aber auch mit dem Anfangen.

Die glücklichsten Menschen sind diejenigen, die in ihrem Leben nur wenig Ballast mit sich tragen. Sie haben all die Dinge, die Zeit, Nerven und Geld kosten, aus ihrem Leben verbannt. Systematisch. Bewußt. Sie haben sich gefragt, ob sie ein Auto brauchen für die paar Kilometer, die sie in der Woche fahren, oder ob es nicht billiger ist, sich mit Taxi und Zug fortzubewegen. Dann haben sie eine Entscheidung getroffen. Jetzt sparen sie Geld und haben Zeit gewonnen.

Einfach anfangen

Das Problem, vor dem aber jeder steht, der sein Leben maßgeblich verändern will, ist der Anfang. Es ist schwer, aus dem Alltagstrott herauszukommen und die Entscheidung, jetzt zu beginnen, beherzt zu treffen. Die Macht der Gewohnheit ist enorm, nicht nur in belanglosen Dingen, sondern auch und gerade angesichts der ganz großen Richtungsentscheidungen.

Doch wenn wir Gewohnheiten aufgeben und das Neue in Angriff nehmen, dann hilft nichts anderes als: Fangen Sie an! Und wenn es zunächst nur ist, den Geist und die Träume wachzuhalten und der Seele zu signalisieren, daß sie ihr noch etwas Neues bieten wollen.

Am Ende muß und wird die Erkenntnis stehen, daß es nicht die Sorgen und Leiden sind, die Ihren Wunsch nach Lebensänderung motivieren, sondern die Lust, Veränderungen in Angriff zu nehmen.

Wer den einfachen Weg geht, glaubt, auf leichte Weise ans Ziel zu gelangen. Doch große Veränderungen sind nicht einfach in die Welt zu setzen.

Sie können vieles träumen und sich vorstellen, doch erreichen werden Sie es nur, wenn Sie alles daran setzen, Ihr Ziel zu verwirklichen.

Es spielt keine Rolle, wer Sie sind. Wo Sie herkommen. Was Ihre Geschichte ist.

Es zählt nur, wer Sie sein wollen.

Der Kampf gegen die Bedenken

Angst vor der eigenen Courage befällt jeden, der damit begonnen hat, seinen Lebenstraum in die Tat umzusetzen. »Wie soll ich das nur schaffen?« ist eine berechtigte Frage. Plötzlich erscheinen die Mittel begrenzt, die uns zur Verfügung stehen, in jeder Hinsicht. Verwenden Sie dann zur Abwechslung das kleine, vertraute Wort »aber« positiv: Wann immer Ihnen ein Einwand kommt, ein einengender, in Frage stellender Gedanke sich Ihnen in den Weg stellt, schieben Sie ihn beiseite, indem Sie parieren: »*Aber* ich habe den Willen, dieses oder jenes zu tun.« – »Ich weiß nicht, wie man das macht, *aber* ich habe fest vor, es zu lernen.« – »Ich bin zu müde, um dieses oder jenes zu tun, *aber* ich werde die Energie dafür aufbringen.«

Es geht um das Ich. Sie müssen es tun, niemand anderes. Sie können nichts oder nur wenig delegieren, keine Aufgaben an andere abgeben. Es ist Ihr Weg, Sie wollten es so. Nun müssen Sie ihn gehen. Nun dürfen Sie ihn gehen.

Verkauf dir deine Idee

Oft sind wir berauscht von unseren Einfällen, unseren Ideen. Ob sie wirklich etwas taugen, darüber wollen wir lieber nicht so genau nachdenken.

Wer sich in Schwung bringen will, sollte am Anfang seine Idee verkaufen. Und zwar zunächst sich selbst.

Sie könnten sich eine kleine Ansprache halten. Keinen großen Vortrag. Die Argumente sind Ihnen alle bekannt. Sie wissen ja schon, was Sie zu sagen haben. Anstatt Ihnen selbst die Vorzüge Ihres Intellekts, Ihrer Wortgewandtheit und Überzeugungsfähigkeit näherzubringen, geben Sie sich lieber eine visuelle Vorstellung. Erfinden Sie etwas, das Ihre Idee treffend in Szene setzt.

Zeichnen Sie mit einem einfachen Stift Ihre Idee: Schicken Sie eine Linie auf Reisen. Egal, welche geometrische Figuren Sie zeichnen – es sollte eine ganz simple Zeichnung sein, wie ein »Punkt-Punkt-Komma-Strich-Mondgesicht«. Dann schreiben Sie eine Zeile darunter, die Ihre Idee zusammenfaßt. Den sogenannten Claim.

Das ist Ihr Logo.

Point of no return

Und damit beginnen Sie. Dies ist der Anfang, der unwiderrufliche Anfang. Der *Point of no return.* Jetzt springen Sie von einer Klippe, in eine beängstigend neue Dimension. Ein gefahrvoller, kalter und unendlich einsamer Sprung von einer Klippe mit Namen Sicherheit. Nachdem der erste Anflug von Angst überwunden ist, werden Sie etwas von dem Reiz spüren, von dem großen Abenteuer, das auf Sie wartet: das einfache und unendlich starke Gefühl der Lebendigkeit. Und wie berauschend es ist, an sich selbst und das, was Sie tun, zu glauben.

Auf dem Weg

Wer ankommen will, muß gehen. Er wird nicht auf einem fliegenden Teppich in ein neues Land geflogen, nicht in einer Sänfte in ein neues Leben getragen. Er muß lernen, sich im Fundbüro seines Lebens nicht mehr als verloren, sondern sich als gefunden zu begreifen. Er muß akzeptieren, daß er sich auf einer emotionalen Achterbahn befindet, daß er Gefahr läuft, völlig aus den Fugen zu geraten, mit denen er bislang Haltung bewahrt hat. Seine vermeintlichen Sicherheiten zu verlieren oder aufzugeben und irgendwann auch einmal an den Nullpunkt zu gelangen. In der einen Minute Todesängste auszustehen und in der nächsten überglücklich zu sein und nicht wohin zu wissen vor lauter Freude.

Warum sich darauf einlassen? Es erscheint vermutlich verrückt, einen gut bezahlten Job, eine doch irgendwie funktionierende Ehe aufzugeben, weil man den Ärger leid ist oder überzeugt ist, man habe der Welt mehr zu bieten und vom Leben mehr zu erwarten.

Kein Blick zurück

Erinnern Sie sich: Egal, ob Sie der Meinung waren, alles erreicht zu haben oder das Leben sei Ihnen etwas schuldig geblieben – irgendwann haben Sie sich die Frage gestellt: »War das etwa schon alles?« Wo sind Engagement, Authentizität, Bedeutung, Kreativität geblieben? Fast unbemerkt wurde etwas zurückgelassen, blieb etwas auf der Strecke, das man einmal für wichtig und bedeutungsvoll, ja unerläßlich für das eigene Glück gehalten hat. Es ist verlorengegangen, ohne daß man es bemerkt hätte. Irgendwann. Unterwegs. Es hat keinen Sinn, zurückzugehen und es zu suchen. Wo ist es geblieben? Es liegt in Ihrer Hand, jetzt, in dieser Stunde. Es ist das Talent, mit dem Sie wuchern können. Es ist der Traum, den Sie jetzt nicht nur träumen, sondern leben.

Und dann sind Sie plötzlich frei. Es war schwer, es war die Hölle, Sie sind durch tausend Feuer gegangen, jetzt haben Sie auch die letzte Pforte geöffnet. Schließlich werden Sie neu geboren. Sie werden sich ein wenig angeschlagen fühlen, aber auch gestärkt.

Ihr früheres Leben wird zur bloßen Erinnerung verblassen. Sie werden immer seltener auf das zurückgreifen, was Sie gelernt haben. Sie werden das Bedürfnis haben, alte Freunde anzurufen. In vielen Fällen werden sie Ihnen wie entfernte Bekannte vorkommen.

Sie werden sein wie eine herrliche Ming-Vase, die wegen der Sprünge, die über ihre Oberfläche laufen, nur um so kostbarer wird. An jeder Bruchstelle wird sich eine Narbe bilden. Diese

Narben machen die Vase stabiler. So werden auch Sie mit jedem Bruch stabiler werden.

Und vergessen Sie nicht: Auch wenn Dinge schieflaufen, dürfen Sie sich wohlfühlen. Daß man unabhängig von allem, was passieren mag, zufrieden und glücklich sein kann, ist eine ziemlich radikale Vorstellung. Doch sie hat ihre Berechtigung.

Nichts ist triumphaler als die Stunde des Aufbruchs, des Anfangs, dem bekanntlich ein Zauber innewohnt.

Jetzt kommt alles nur auf eines an: daß Sie Zeit haben. Daß Sie sich Zeit nehmen für Ihr Abenteuer.

Die Kunst, Zeit zu haben

Die Kunst, Zeit zu haben, scheint ausgestorben. Es gibt kaum noch Menschen, die auf eine entsprechende Frage mit offenherziger Zuvorkommenheit antworten: »Aber ja, kommen Sie vorbei, ich habe Zeit.«

Aus welchen Gründen der Zeitmangel entstanden ist und mit welchen Mitteln man sich, wenigstens einigermaßen, Zeit verschaffen kann, weiß ich nicht. Wenn Zeit Geld ist, wie man sagt, hängt die fehlende Zeit wohl mit einem Mangel an Geld zusammen. Oder sollte es doch umgekehrt sein? Meine Beobachtung ist, daß wir leider keine Zeit haben, obwohl wir über genug Geld verfügen.

Zum Glück gehört Zeit

Ich glaube, es gibt kein schnelles Glück. Natürlich gibt es den Rausch der Geschwindigkeit und alles das, was man sich um die Ecke mit kleiner Münze und großen Scheinen kaufen kann. Aber das würde ich nicht gerade Glück nennen. Es bestätigt meine Vermutung, daß mit Geld kein Glück zu erwerben ist, ebensowenig wie das mit Zeitersparnis möglich ist. Zum Glück gehört Zeit, sogar sehr viel Zeit, übermäßig viel Zeit. Viele meinen daher das Glück vor allem dann zu finden, wenn sie der inneren Erfahrung nach die meiste – freie – Zeit haben: im Urlaub, auf Reisen.

Es gibt kein schnelles Glück. Zum Glück gehört die Langsamkeit, die Muße, die Faulheit. Der Streß ist nur für glückentwöhnte Manager, unter deren gebräunten Gesichtern sich eine graue Einstellung tarnt, befriedigend. Mangel an Zeit ist nicht glücksförderlich.

Wer sein Leben verändern will, wer mehr Glück in seinem Leben will, kommt nicht umhin, dem Thema Zeit viel Aufmerksamkeit zu widmen. Nicht nur, daß jede Veränderung ihre Zeit braucht, die eigene Einstellung zur Zeit bedarf einer gründlichen Überprüfung. Vielleicht kennen Sie das französische Sprichwort: »Die verlorene Zeit fängt man nie wieder ein.«

Keine Zeit verlieren

Irgendwann zwischen Sonnenaufgang und Sonnenuntergang gingen gestern zwei goldene Stunden verloren, jede mit sechzig kostbaren diamantenen Minuten besetzt. Eine Belohnung wird nicht ausgesetzt, denn sie sind für immer dahin.

Es geht darum, keine Zeit zu verlieren, was nicht bedeutet, sich abzuhetzen und durch die Weltgeschichte zu rasen. Keine Zeit zu verlieren bedeutet, sie nicht an Dinge zu verschwenden, die die Zeit nur rauben. Wichtige, bedeutungsvolle Dinge schenken uns das Gefühl von Zeit, indem sie einfach vorübergeht, ohne uns ins Bewußtsein zu rufen, sie investiert oder gar »verloren« zu haben.

Trauen Sie nicht dem sogenannten Zeitmanagement, das in unzähligen Büchern von uns fordert, Zeit zu gewinnen, den Tag zu optimieren und das Letzte aus jeder gewonnenen Minute herauszuholen. Doch Zeitgewinn als solcher ist noch nicht sinnvoll, er erhöht zunächst einmal nur den Druck, keine Zeit zu verschwenden, Zeit besser und gezielter einzusetzen.

Also rasen wir mit zweihundert Sachen über die Autobahn, um mehr Zeit daheim zu haben. Und uns dann vor den Fernseher zu setzen. Zeit kann eine Droge sein, und der allzu behutsame Umgang mit der Zeit kann einen ganz besonderen Druck auf das Leben ausüben. Nur selten lesen wir bei den Zeitmanagern vom Verweilen, von der »Lust an der Pause«, vom Überfluß eines Tages, der nicht verplant ist. Wer erlebt sie noch, Tage ohne Termine, ohne Verpflichtung, ohne Aufgaben und ohne jede Vorherbestimmtheit? Das allein schon wäre ein Ziel, das eine Veränderung lohnen würde.

Was wichtig ist

Ein Mann geht im Wald spazieren. Nach einer Weile sieht er einen Holzfäller, der hastig und sehr angestrengt dabei ist, einen auf dem Boden liegenden Baumstamm zu zerteilen. Er stöhnt und schwitzt und scheint viel Mühe mit seiner Arbeit zu haben.

Der Spaziergänger geht etwas näher heran, um zu sehen, warum die Arbeit für den anderen so schwer ist. Schnell erkennt er den Grund und sagt zu dem Holzfäller:

»Guten Tag. Ich sehe, daß Sie sich Ihre Arbeit unnötig schwer machen. Ihre Säge ist ja ganz stumpf – warum schärfen Sie sie denn nicht?«

Der Holzfäller schaut nicht einmal hoch, sondern zischt durch die Zähne:

»Dazu fehlt mir die Zeit, ich hab hier noch viel zu sägen!«

Oft nehmen wir uns nicht einmal Zeit für die Zeit. Es ist paradox: Je mehr Errungenschaften und Erfindungen, die uns das Leben leichter machen und Zeit sparen sollen, desto schwieriger erscheint uns das Leben, desto weniger Zeit meinen wir zu haben. Wir fahren schnelle Autos, die uns prompt an jeden gewünschten Ort bringen. Wir erledigen Einkäufe bei Ebay, Amazon, im Versandhauskatalog und lassen uns alles bequem ins Haus liefern. Wir sind mit Mobiltelefonen ausgestattet, die uns unabhängig vom Festnetz machen und uns jederzeit erreichbar sein lassen. Und doch eilt uns die Zeit davon, hetzen wir durch unseren Alltag.

Doch fehlt uns wirklich Zeit? Oder haben wir vielleicht nur vergessen, was wichtig ist? Ist uns die davoneilende Zeit womöglich sogar willkommen, um uns über unfreiwillige Einsamkeit, über die Leere in unserem Leben, über die Langeweile hinwegzutäuschen? Könnte es sein, daß wir das Gefühl der dahineilenden Zeit brauchen, um nicht spüren zu müssen, wie verloren wir wären, hätten wir die Zeit, nach der wir uns sehnen?

Erinnern wir uns an Henry David Thoreau, der zeitweise ein schlichtes Leben im Wald führte und die Kunst der Einfachheit und Ursprünglichkeit lernte. Sicherlich ist das einsame, einfache Leben in der Natur nicht der einzige Weg zu Zufriedenheit und Glück. Doch mit einer Erkenntnis hatte Thoreau schon damals recht: »Es wird zu schnell gelebt.«

Zeit für das Wesentliche

Wir hören die innere Stimme, die uns sagt, es wäre besser, alles etwas langsamer zu machen und mehr Zeit für sich selbst, für den

Lebenspartner, für die Kinder und die Freunde zu haben. Wir wissen nur zu gut, daß die Strategien »Raus aus der alltäglichen Routine« und »Mehr Zeit für das Wesentliche« ihre Berechtigung haben. Die Probleme, die dem entgegenstehen, kennen wir alle.

Tatsächlich heißt mehr Zeit zu haben, auch mehr Freiheit zu haben, um sich den Menschen oder Dingen zu widmen, die einem wichtig erscheinen. Denn ohne einen Sinn in unserem Leben kommt schnell Leere auf. Ohne die Erfüllung unserer »Herzenswünsche« wird unser Leben nicht in die Balance kommen.

Die Zeiträuber

Gerne würde ich Ihnen jetzt eine Liste von individuellen Zeiträubern präsentieren. Diese Auflistung aber wäre unübersichtlich lang. Die Zeiträuber sind sehr vielfältig und obendrein findig und gut getarnt. Aber gegen einen genauen und unbestechlichen Blick sind sie nicht gewappnet. Es bedarf eben etwas Zeit, um Zeit zu gewinnen – und detektivischen Geschicks.

Sie sollten sich auf die Suche nach Ihren Zeiträubern machen. Welche Dinge, Tätigkeiten oder alte Gewohnheiten sind überflüssig, freudlos, langweilig? Welche Ziele und Ansprüche sind unbedacht und erfüllen Sie mit Frust statt mit Lust?

Der erste Schritt zu einem glücklichen Leben: Zeit. Für sich selbst. Für die Stille. Um konzentriert nachzudenken. Um nichts zu tun. Um allein zu sein. Um endlich eine schöne Stunde mit einem Freund, einer Freundin zu verbringen. Um nicht gehetzt irgendwohin zu gehen oder irgendwo zu verweilen, wo Sie nicht sein möchten. Nehmen Sie sich die Zeit, zu leben.

Sie werden entdecken, daß nicht das Zeithaben an sich schon wertvoll ist, sondern die *Qualität* des Zeithabens. Die Wichtigkeit, welche die Tätigkeit hat, für die wir Zeit gewonnen haben, ist das entscheidende Kriterium für jede neue erlebte Zeit.

Es nutzt daher nichts, wenn Sie nur den bisherigen Stundenplan durcheinanderwirbeln, um sich nun endlich Zeit zu nehmen für die schönen Dinge. Wir erleben keine neue Qualität im

Leben, wenn wir uns bei den Alltagsaktivitäten abhetzen, um die vielleicht ersparte halbe Stunde für eine stille Meditation zu nutzen. Ein Manager hetzt zweimal wöchentlich über die Autobahn, um an Yogasitzungen teilzunehmen. Er wird sich nach solch einer Aktion eher erschöpfter, müder und ausgelaugter fühlen, als wenn er schlicht und einfach eine Stunde früher ins Bett gegangen wäre. Man braucht mehr als nur eine kurze Spanne der Ruhe.

Ruhe ins Leben bringen

Setzen Sie sich das Ziel, Ihr neues Leben aus einem Guß zu gestalten. Sie brauchen Ihre ganze Energie, um Ruhe in Ihr Leben zu bringen. Diese Entspannung muß sich auf den ganzen Tag auswirken und kann alle Ihre Aktivitäten verändern.

Sie wissen, daß Ihrer Konzentration nicht gedient ist, wenn Sie die Wochenendnächte auf lauten Partys verbringen und zum inneren Ausgleich am Montagabend einen Tai-Chi-Kurs besuchen.

Die Balance in unserem Leben, nach der wir streben, läßt sich nicht in einen Terminkalender pressen. Es ist umgekehrt: Der Terminkalender muß das Wissen um das innere Gleichgewicht widerspiegeln. Keine Sorge, Sie haben Jahre Zeit, um Ihren persönlichen Lebensrhythmus zu finden und zu genießen.

Nehmen Sie sich diese Zeit. Und beginnen Sie heute.

Auf dem Weg

Jeder Mensch hat seine individuellen Vorstellungen von seiner seelischen Balance. Was dem anderen gut tut, muß noch lange nicht mir gut tun. Es geht darum, alles Gesehene, Gehörte, Gelesene und Erlebte zu integrieren in das eigene Lebenskonzept. Seien Sie grundsätzlich vorsichtig, wenn man Ihnen etwas Allgemeingültiges, Systematisches oder gar Programmatisches »verkaufen« will. Oft stimmt es nicht oder trifft auf Sie persönlich nicht zu. Aber es kann hilfreich sein, sich damit auseinanderzusetzen und zu prüfen, was eventuell für das eigene Leben von Bedeutung sein könnte. Manche simple Erkenntnis haben Sie vielleicht auch schon gehabt oder setzen sie bereits im täglichen Leben um. Oft ist es gerade die Schlichtheit mancher Einsichten, die sie so bestechend machen und überzeugend wirken lassen.

Wie können wir eine Balance finden zwischen unseren Ansprüchen und den Anforderungen, denen wir ausgesetzt sind, und unseren persönlichen Wünschen und Glücksbedürfnissen? Wo sollen wir das Glück suchen? Diese Fragen stellen sich viele Menschen jeden Tag aufs neue. Und sie scheinen Antworten zu finden, denn sonst würden sie nicht mehr lachen und den Tag genießen können.

Wenn Sie spüren, daß ein Mensch sein Leben ganz besonders genießt, dann sprechen Sie mit ihm und fragen Sie ihn, worin seine Freude besteht. Was es ist, das ihn glücklich macht und froh stimmt. Und meistens hat es zu tun mit dem Augenblick, mit dem Innehalten, mit dem Gewahrwerden etwas besonders Schönen.

Auf die kleinen Liebenswürdigkeiten kommt es an – das Echo, das sie auslösen, steht in keinem Verhältnis zu dem geringen Aufwand, den sie kosten.

Einfachheit im Leben

Sie wünschen sich ein glückliches Leben, ein Leben, in dem die Seele in der Balance ist. Ein Weg dahin ist die Vereinfachung des Lebens und der Verzicht auf das Überflüssige. Das gilt sowohl in materieller als auch in zeitlicher Hinsicht. Sie könnten sich fragen: Muß ich jetzt auf alles verzichten, was mir an meinem alten Leben gefiel? Muß ich ein karges, schmuckloses, primitives Leben führen? Muß ich etwa in die Wildnis ziehen und in einem Zelt hausen? Darf ich noch die Heizung anmachen, das Zimmer tapezieren, ins Konzert gehen, Lippenstift benutzen?

Wie Sie wünschen. *Sie* entscheiden. Mit dem Verzicht ist keine Selbstgeißelung auf Dauer gemeint. Allein das Überflüssige sollte reduziert werden. Doch was ist überflüssig? Und was ist »flüssig«, hält unser Leben im Fluß? Wir brauchen zu solcher Unterscheidung ein bißchen Fähigkeit zur Selbstkritik, aber auch Phantasie und kreative Suche. Manche Dinge, die uns nur von Wichtigem abhalten, fallen erst spät – wenn überhaupt – ins Auge. E-Mail ist für mich ein besonders schönes Beispiel dafür. Die elektronische Übermittlung von Nachrichten ist entwickelt worden, um das Leben einfacher zu machen. Und jeder moderne Computer läßt sich damit ausstatten. Aber oft liegen die schnell übertragenen Nachrichten tagelang genau dort: im Computer. Früher wäre eine kurze Nachricht per Anruf zu uns gekommen, heute werden wir von jemandem angerufen, der uns ankündigt, daß eine E-Mail kommt … Es gibt eben Dinge, auf die man verzichten kann.

Das war natürlich nur *ein* Beispiel, und es muß Ihre ganz persönliche Entscheidung sein, welche Dinge in Ihrem Leben wesentlich und unverzichtbar sind und welche für Sie keinen erkennbaren Wert und Nutzen darstellen. Niemand nimmt Ihnen Ihre Überlegungen ab. Gönnen Sie sich die nötige Ruhe, und treffen Sie Ihre Wahl überlegt. Dann werden Sie womöglich feststellen, daß Sie eine lange Zeit Ihres Lebens mit der

Jagd nach Dingen verbracht haben, die Sie nicht glücklich machen und für Verdruß sorgen. Vielleicht stellen Sie ja fest, daß es dringend an der Zeit ist, die Seele baumeln zu lassen und die Natur zu genießen oder Freundschaften zu pflegen.

Schieben Sie alles, was Ihnen nichts oder wenig bedeutet, beiseite. Finden Sie die Dinge heraus, die Ihnen etwas bedeuten, und schenken Sie diesen Ihre Zeit und Ihr Herzblut.

Diese Veränderung in Ihrem Leben kann bedeuten, daß Sie weniger unternehmen und sich von einigen Besitztümern trennen. Das ist kein Verzicht oder Askese, sondern Ihre freie Wahl zugunsten Ihres Lebensglücks.

Das *Simplify*-Versprechen

Es ist so verführerisch: Wir wollen einfach leben und doch individuell. Aufwendig, aber doch überschaubar und planbar. Ohne komplexe Struktur und leicht verständlich. Nicht auffallen als Lebensdevise. Warum drängt es uns Individuen nur so danach, uns vereinheitlichen zu lassen?

In immer neuen Büchern wird uns vermittelt, daß eine strikte Vereinfachung unseres Lebens zu einem höheren Glücksgefühl führt. »Wer wegläßt, gewinnt.« Etwa so kann das *Simplify your life*-Konzept zusammengefaßt werden. Und so werden den Leserinnen und Lesern endlose Listen von Tips und Tricks vorgelegt, wie man »ganz einfach« durch das komplizierte Dasein kommt.

Man muß eben nur auf Anschaffungen verzichten, die Garderobe auf »Basics« beschränken, Bücher ausleihen und nicht kaufen und auf alles rigoros verzichten, was nicht absolut notwendig ist.

Auf den ersten Blick lesen sich solche Überlegungen gut und nachvollziehbar. Wer ist schließlich nicht schon einmal von der Konsumlust in eine finanzielle Enge getrieben worden? Wer hat beim Kauf von zehn CDs nicht schon mal gedacht, daß unendliche Gier zu eklatanten Fehlern verführt? Wer ärgert sich nicht über zu viele Termine, zu viele ungelesene Bücher im Schrank, zu viel Hunger auf Süßes, zu viel Lust auf ein zweites Glas Rotwein?

Jedoch: Das einfache Leben ist einfach nicht attraktiv. »Einfach gut« ist eben nicht gut. »Einfach gut« ist eine Boulette, die nach nichts schmeckt und keine Lust macht.

Aber: Macht die Vielfalt und vor allem die Differenziertheit der individuellen Wünsche und auch der kleinen »Laster« nicht erst das menschliche, ja sogar das zivilisierte, interessante Dasein aus?

Es ist kompliziert, aber es geht. Das Leben. Lassen Sie sich darauf ein. Nehmen Sie es nicht leicht, sondern entdecken Sie in der Komplexität den unendlichen Reiz.

Oder nur für einen überschaubaren Zeitraum.

Ein Mega-Trend

Aufzuräumen und Ordnung schaffen zu müssen ist – wie gesagt – nicht gerade meine Leidenschaft. Doch man muß sich von Dingen trennen können, sonst verbringt man sein ganzes Leben mit dem Aufräumen dieser Dinge.

Ich fühlte mich wohl bei dem Gedanken, mitten im Trend zu sein. Schließlich ist es ein Mega-

Trend, dieses *Simplify your live*. Einfach zu leben, einfach glücklich zu sein, wer will das nicht? Ist dies nicht sogar der ultimative Trend, die radikale existentielle Reduktion von Komplexität? Ist die schlichte Behauptung, daß weniger mehr ist, etwa nicht wahr?

Wenn ich mich von Ballast befreite, würde dann nicht alles von selbst leichter sein – und einfacher? Es schien mir geradezu verführerisch: Entrümpeln Sie Ihr Leben! Entledigen Sie sich all dessen, was Sie belastet, was Sie nur noch mitschleppen! Dann würde sie endlich möglich werden, die pure Existenz. All diese Sehnsucht nach dem Weißen, der Farbe maximaler Einfachheit. Nach dem Wasser, diesem Symbol für Klarheit und reine Essenz, ein Urelement, durch das der Mensch hoffen kann, zu seinem unverfälschten Selbst zurückzukehren. Nach der Leere, dem Kern letzter Einfachheit, fast schon ein Zustand Zen-artiger Erleuchtung.

Wozu also all den geistigen und materiellen Ballast mitschleppen, mit dem ein jeder sein Leben belastet? Besteht etwa kein Zusammenhang zwischen dem Gerümpel, das sich in der Wohnung ansammelt, und der mentalen Überfüllung, die einen daran hindert, das Leben in die eigene Hand zu nehmen oder es sogar neu zu erfinden?

Die Kunst des Aufräumens

»Ausmisten« ist das Gebot der Stunde. Eine große Wegwerfaktion soll es werden. Völlig klar, was zu tun ist: einfach das Gerümpel identifizieren und dann – weg damit. Und künftiges Durcheinander mit Hilfe eines schön durchdachten Ordnungssystems vermeiden. Bereit sein, sich von den Dingen zu lösen, mit denen man sich unnötigerweise umgibt. Sich von ihnen befreien.

Ich las, daß Leute, die Angst haben, etwas fortzuwerfen, was sie später noch einmal brauchen könnten, und die etwas nur »für den Fall der Fälle« behalten, der womöglich nie eintritt, im Grunde mangelndes Vertrauen in die Zukunft haben. Und darum geht es doch schließlich: Den ganzen zur Verfügung stehenden Platz, der nun mit Krempel vollgerümpelt ist, wieder frei zu machen, um auch Raum für etwas Neues im Leben zu schaffen. Dann würde es schon gelingen, sich nicht mehr nur ständig mit der Vergangenheit zu befassen und in den Problemen gefangen zu bleiben, die einen schon lange in Beschlag halten, sondern mit leichtem Gepäck in die Zukunft zu ziehen.

Alles Zusammengetragene, Aufgehäufte, Gesammelte, Vergangene erscheint in solchen Momenten, in denen die Verführung zur Einfachheit übermächtig wird, bloß als »Gewicht«. Es drückt schwer – in den Schränken und Regalen, in den Kisten und Ecken. Aber auch aufs Gemüt und auf die Seele. Man meint, nicht mehr richtig atmen zu können. Bücher, die einem nun nach Jahren irgendwie peinlich erscheinen oder mit deren Aussage man nicht mehr einverstanden ist – nichts wie weg damit. Briefe, vor Jahren, ja Jahrzehnten geschrieben, was soll man noch damit? Ist doch alles Geschichte, aus und vorbei. Die Beziehungen sind längst ad acta gelegt. Und die Erinnerungsstücke? Wozu sich erinnern – an längst vergangene Zeiten, an Leute, die heute ohne Bedeutung sind, an Reisen, deren Souvenirs nur lächerlich wirken?

Erkennen, was von Bedeutung ist

Nein, es geht jetzt um die wahre, die richtige Bedeutung, um das, was zählt und bleibt. Das Leben wird ja erst durch »Bedeutungen« interessant. Was spricht also dagegen, zu erkennen, welche Bedeutung zu einem paßt? Ist das Leben nicht ein langer Fluß und befinden wir uns nicht irgendwo zwischen Quelle und Mündung? Ist nicht alles in Bewegung, in steter Veränderung begriffen? Welchen Sinn hat es, sich gegen Veränderungen zu stemmen oder aufzulehnen? An bestimmten Ideen oder Überzeugungen festzuhalten, wo wir doch deutlich spüren, daß sie nicht mehr zu uns passen, daß sie uns in unserer Flexibilität einschränken? Wäre dies nicht ein Verrat an unserer Souveränität, an unserer Fähigkeit zur Selbstbestimmung?

Wir haben das Recht, uns gegen vorgefertigte Muster und vorgezeichnete Bahnen zu wehren, auch wenn wir uns selbst einmal dieses Gerüst gebaut haben, auf dem wir nun mehr schlecht als recht balancieren. Ein Recht, immer auch anders sein und handeln zu können, als wir es gerade tun. Die Übersichtlichkeit, auf die wir am Ende hoffen, wird uns befreien, zu neuen Hoffnungen, neuen Taten. Uns unabhängig machen von Zufall und Chaos, diesem Knäuel, in dem wir unser Leben verstrickt sahen.

Die Tücken des Programms

Doch *Simplify* hat seine Tücken! Wer diese radikalen Programme abarbeitet und einen Tip nach dem anderen umsetzt, ist für den Rest seines Lebens damit beschäftigt, sein Leben zu vereinfachen. Ganz schön kompliziert, diese ach so einfache Strategie! Mit dogmatischem Eifer wird da versucht, das Leben in eine Formel zu gießen, die fast schon dem monastischen Leben eines Trappisten entlehnt sein könnte. Sicher, mögen die Freunde der Askese einwerfen, das kann doch alles sehr reizvoll sein und für den einen oder anderen auch erstrebenswert. Doch ein Allheilmittel ist der Verzicht nicht.

Ein paar gewichtige Gründe sprechen gegen zuviel *Simplify*.

Erstens: Wer sein Leben rigoros »vereinfacht«, gibt das Charakteristische, das Individuelle ab. Würden wir alle nach dem »Simplify«-Modell leben, wären wir einander gleichende, langweilige und vorhersehbare Typen in leergefegten Zweizimmer-Appartements, die alle S-Bahn fahren und auf jedwede Lust, jeden überflüssigen Spaß verzichten. Menschen, die nicht schwelgen, nicht übertreiben, nicht über die Stränge schlagen und jeden Euro nicht dreimal, sondern hundertmal umdrehen.

Zweitens: Das Leben ist nicht einfach und soll es auch nicht sein. Wer Glück verheißt und einen einfachen Weg so vehement, beinahe mit religiöser Inbrunst verkündet und in Bekehrungswahn verfällt, gaukelt vor, daß das individuelle Leben von Millionen Menschen nach einem bestimmten Rezept in den Griff zu bekommen sei.

Das kann für den *Simplify*-Gläubigen die fatale Folge haben, daß er seinem Leben den letzten Rest Individualität nimmt: Ob es seine kleinen

Laster sind, seine exzessive Unordnung – in der nur er sich zurechtfindet – oder die manische Lust, eine spezielle Sorte von kleinen Schnupftabakdosen zu sammeln.

Drittens: Gegen die unerträgliche Vereinfachung des Seins sei gesagt: Das definitorische Element des Daseins ist die Komplexität. Nichts ist auf den zweiten Blick einfach. Und das ist doch gerade das Spannende, das, was die Menschen interessant macht: individuelle Differenziertheit. Mit dem liberalen Gedanken, das im Leben zuzulassen, was den anderen nicht in seiner Freiheit begrenzt, aber schon aufhorchen läßt.

Die wunderbare Komplexität des Lebens

Unser Leben ist kompliziert. Und das ist auch gut so. Was wäre unsere Welt ohne den Kunstsammler, der Unsummen für Gemälde ausgibt und sein Leben dadurch nur kompliziert? Was sagen wir zu der Mutter von drei Kindern, die abends noch Telefonseelsorge macht (unentgeltlich), obwohl der Tagesablauf für sie dadurch doch nur aufwendiger wird?

Um es klar zu sagen: *Simplify your life* hat mit *Change your life* nur wenig zu tun. Anfangs kann es sinnvoll und sogar notwendig sein, Ballast abzuwerfen und Belastungen abzubauen. Mehr als eine Initialzündung aber ist es nicht. Leicht, locker und flockig kann ein Soufflé sein, nicht jedoch das Leben. Das Leben, das wir ändern wollen, kann nicht darin bestehen, zuletzt immer reduzierter und übersichtlicher und damit unspannender zu werden. Das Leben, das wir ändern wollen, soll aufregender, enthusiastischer, sinnvoller, befriedigender werden. Der Sinn aber besteht nicht in Einfachheit, sondern in Erfüllung. Er-Füllung.

Schließlich scheint es mir sehr fragwürdig zu sein, anderen Menschen die Frage nach dem Mehr oder Weniger an Dingen und Aktivitäten vorschreiben oder auch nur empfehlen zu wollen. Es ist die ureigene Entscheidung eines jeden, warum oder wie er sein Leben verändert, ob er es »vereinfacht« oder im Gegenteil »bereichert«. *Simplify your life* – das klingt zwar, weil es so einfach ist, verdammt gut. Aber es bietet keinerlei

Garantie, daß Ihr Leben nach all der Entrümpelung oder Vereinfachung weniger langweilig, vorhersehbar, eintönig und außerordentlich uniform verläuft als vorher. Das pralle, das lustvolle Leben hat jedenfalls mit systematischem Verzicht so gut wie nichts zu tun.

Das Ziel ist der Anfang

Wir sind fast am Ende dieses Büchleins angekommen. Vielleicht sind Sie etwas klüger, etwas motivierter, etwas weiser geworden. Oscar Wilde sagte: »Weisheit bedeutet, daß man Träume hat, die groß genug sind, um sie nicht aus den Augen zu verlieren, wenn man sie verfolgt.«

Denken Sie nach dieser Stunde Lektüre über ein Leben nach, das sich für Sie wirklich lohnt. Über die Lust, auf eigenen Beinen zu stehen. Über das Vergnügen, etwas Neues anzufangen und sich wieder lebendig zu spüren. Man wird geboren, man begegnet der großen Liebe, man verliert sie wieder, man stirbt, oder man entschließt sich, sein Leben von einer Minute auf die andere zu verändern. Der Entschluß mag kaum mehr als eine Minute dauern, was folgt, ist ein langer Prozeß voller Unwägbarkeiten und Risiken, aber auch voller Momente des Glücks und der Freude.

Das neue Leben, das Sie führen, wird ein individuelles sein. Es läßt sich nicht oder nur kaum mit dem vergleichen, das andere Menschen führen. Wichtig erscheint mir, einen persönlichen Rahmen zu finden, einen individuellen Umgang mit Natur, Gesundheit, Wohlbefinden und – Humor.

Nichts war vergeblich

Vielleicht wirkte die Überschrift dieses letzten Kapitels entmutigend auf Sie. Das Ziel soll der Anfang sein? Und alles soll wieder von vorne beginnen – all die Probleme, Durststrecken und Anstrengungen? Ist die Mühe denn vergeblich gewesen?

Nein, nichts war vergeblich. Es ist nur so, daß *Change your life* eigentlich nie an ein Ende gelangt. Wer ein neues Leben begonnen oder sich erkämpft hat, wird immer damit konfrontiert sein, es zu verteidigen, zu gestalten, ja bisweilen wieder neu zu erfinden. Unsere Einstellungen und Prinzipien stehen ja ständig auf dem Prüfstand, unsere Verhaltensmuster lassen sich nicht von einem Tag auf den anderen einfach – und schon gar nicht nachhaltig – verändern. Das alles braucht Geduld, ständiges Überprüfen und auch ständige Bereitschaft zu immer neuen Veränderungen.

Gegen alle Widerstände

Bereits mehrfach ist in diesem Buch darauf hingewiesen worden: Es ist schwierig, die Veränderung des eigenen Lebens durchzuhalten. Groß ist die Freude, wenn der Durchbruch gelingt und wenn sich kurz- und mittelfristig etwas verändern läßt. Noch größer ist sie, wenn man etwas durchsteht, gegen alle Widerstände und Kalamitäten, auch gegen den eigenen »inneren Schweinehund«, der uns an seiner Leine in unser altes Leben zurückzerren will.

Langfristig und nachhaltig sind Veränderungen jedoch nur, wenn sie sozusagen zum Motor werden, der uns in Bewegung hält. Wie verführerisch ist es, der inneren Stimme nachzugeben, die uns einflüstert, wie bequem es wäre, sich dieser einen Sache nicht mehr auszusetzen oder jene aufzuschieben. Doch dann erlahmt der Schwung des Neuanfangs, dann kann es sein, daß Sie vieles umsonst aufgewirbelt, umgekrempelt, in Angriff genommen haben.

Es ist verständlich, daß Sie sich manchmal müde und erschöpft fühlen. Solange es Ihnen bei Ihrer Lebensveränderung gut geht, sind Sie mit Feuereifer bei der Sache. Treten Schwierigkeiten auf, verliert das Rad, das Sie drehen, an Schwung, dann kann es sein, daß Sie Ihre weiteren Schritte neu justieren müssen. Manchmal führt ein kleiner Umweg eher zum Ziel als die große Straße, an der Sie bauen. Und: Sie können nicht immer sich selbst und anderen nur geben. Sie müssen zumindest einige Menschen und einige Möglichkeiten haben, die Ihnen Energie zurückgeben.

Selbst wenn Sie kurz davor sind, jegliche Hoffnung zu verlieren, bedeutet das nicht das Ende Ihres Weges. Auch wenn Sie den Glauben zu verlieren drohen, Ihr Leben so verändern und verbessern zu können, daß es wieder lebenswert für Sie wird, haben Sie noch jede Chance. Nur sich der Illusion hingeben, das Ganze irgendwann mal abzuschließen, sollten Sie nicht.

Frische Energie

Das Ziel ist der Anfang. Besser: *ein* Anfang. Es ist ja gerade das Spannende am Leben, daß es nicht zum Stillstand kommt, daß alle Ergebnisse immer nur vorläufig sind, daß das Abenteuer nicht endet. Setzen Sie einfach Prioritäten, gewichten Sie Ihre Ziele neu, unterscheiden Sie das Wichtige vom Unwichtigen. Und wenn Ihnen die Energie ausgeht, suchen Sie nach einer Möglichkeit, sich wieder frische Energie zuzuführen. Verschwenden Sie nicht zuviel davon mit erfolglosen Versuchen, halsstarrig und krampfhaft doch noch etwas zu bewegen – das führt nur zum Burnout.

Für viele Menschen mit Burnout ist kennzeichnend, daß Sie keinerlei Flexibilität mehr erkennen lassen, daß sie ihre ursprünglichen Ziele und ihr ursprüngliches Anspruchniveau verbissen beibehalten und immer wieder versuchen, diese Ziele mit aller verbliebenen Energie zu erreichen. Schließlich enden sie im Frust.

Phasen, in denen unsere Träume auf Wolken segeln und wir mit hoher Anfangsenergie und ungebremster Begeisterung bei der Sache sind, wechseln sich notgedrungen mit Phasen ab, in denen wir den Gang herunterschalten und Pausen einlegen müssen. Dies ist nicht besorgniserregend und schon gar nicht fatal. Es gehört zur Schwingung des Lebens, zur Balance und zum Gleichgewicht.

Umgang mit Mißerfolgen

Mißerfolge können nicht nur auftreten, wenn die Ziele viel zu hoch gesteckt sind oder sich die Methoden ihrer Umsetzung als untauglich oder zu anstrengend erweisen. Sie werden Ihre ständigen Begleiter, Ihre Schatten sein. Nach einem Mißerfolg dürfen Sie ruhig ein bißchen nachgeben, sich fallen lassen, ohne in Selbstmitleid zu verfallen. Doch Sie sollten ihn auch nicht einfach beiseite schieben, nach dem Motto: »Hat nicht geklappt ... dann eben was anderes.«

Vergessen werden Sie ihn sowieso nicht können. Vielmehr sollten Sie versuchen, ihn aktiv anzunehmen und zu bewältigen. Sie werden nämlich nur daraus lernen, wenn Sie ihn analysieren, wenn Sie sich genau anschauen, was zu diesem Mißerfolg geführt hat. Nur dann werden Sie lernen, ihn künftig zu vermeiden.

Vielleicht wird es Ihnen schwerfallen, sich Mißerfolge einzugestehen oder gar über sie zu sprechen. Sie werden wahrscheinlich peinliche Details weglassen oder nicht offen sagen, wie sehr Sie der Mißerfolg belastet. Doch zwingen Sie sich, mit unterschiedlichen, Ihnen wohlgesonnenen Menschen darüber zu sprechen. Sie werden feststellen, daß Sie sich jedesmal besser fühlen, nachdem Sie sich einem anderen Menschen mit Ihrem Mißerfolg anvertraut haben.

Konflikte austragen

Auch offene oder versteckte Konflikte gefährden den Erfolg der Veränderung Ihres Lebens. Die ständige Auseinandersetzung, die permanente Konfrontation mit neuen, ungewohnten Erfahrungen zerrt an den Nerven. Insbesondere dann, wenn Sie sich nicht trauen, den Konflikt offensiv auszutragen oder das Problem kompetent anzugehen. Also finden Sie den Mut und klären Sie Konflikte. Auch dann, wenn Sie vielleicht manchmal eine schwierige Diskussion führen müssen. Das Ergebnis wird Sie voranbringen.

Der Schutzmantel

Doch Sie müssen sich auch schützen. Gegen Anfeindungen, Kritik, Widerstände, Mißgunst und Neid. Die Methode des »Imprägnierens« mag sich zunächst befremdlich anhören. Aber: Probieren Sie es doch einmal aus, ob Sie sich mit der Kraft Ihrer Vorstellung von Problemen befreien und einen Schutzmantel dagegen überziehen können. Die Übung eignet sich besonders gut für die Dusche oder das Bad: Stellen Sie sich so bildlich wie möglich vor, daß das Wasser alle Sorgen und Unruhe von Ihnen ablöst. Genießen Sie eine Zeitlang dieses Gefühl. Dann gehen Sie dazu über, sich vorzustellen, daß das Wasser Ihnen einen »Schutzmantel« umlegt, der Sie vor Streß und Ängsten schützt, der Ihnen Kraft verleiht, den Herausforderungen des Tages gelassen zu begegnen.

Sie können diese Methode auch am Abend anwenden. Stellen Sie sich beispielsweise vor, alle Probleme des Tages werden »abgewaschen«, das Wasser gibt Ihnen Ruhe und Kraft für einen erholsamen Schlaf.

Wenn Sie an Ihre Probleme denken, dann versuchen Sie nicht krampfhaft, diese Gedanken zu verbannen. Lassen Sie die Gedanken an Ihre Probleme bewußt an sich vorbeiziehen, ja, lassen Sie sie »ziehen«. Denken Sie sich zum Beispiel: »Aha, da kommen meine ganzen Probleme wieder als Gedanken in mir hoch. Das ist ja interessant! Das ist auch okay so!«

Unter Erfolgsdruck

Wichtig ist, sich nicht zu überfordern. Auch wenn Ihre Ziele hochgesteckt und ambitioniert sind – kein Grund, in Streß zu verfallen oder sich selbst unter Druck zu setzen. *Niemand und nichts setzt Sie unter Druck!* Sie müssen und sollen sich wirklich nicht überfordern. Versuchen Sie nicht, alle möglichen Tipps und Ratschläge auf einmal umzusetzen – auch und gerade nicht die in diesem Buch! Erwarten Sie keine Ergebnisse und Erfolge in kürzester Zeit. Im Gegenteil: Seien Sie mißtrauisch gegenüber allzu raschem, allzu leichtem Erfolg. Zunächst mögen Sie sich freuen – »Das geht ja leichter, als ich gedacht habe« –, doch dann werden Sie verleitet zu Unvorsichtigkeit und unrealistischen Einschätzungen.

Sich Zeit geben

Es hat Jahre gedauert bis zu dem Augenblick, als Sie sich für ein anderes Leben entschieden haben. Da hat sich unglaublich viel aufgebaut und angesammelt, von schlechten Angewohnheiten bis hin zu selbstzerstörerischen Verhaltensweisen. Das läßt sich nicht in kürzester Zeit ablegen. Mißtrauen Sie allen raschen Heilsversprechen und eiligen Instant-Lösungen! Sie brauchen Ihre Zeit, bis Sie sich wieder richtig gut fühlen und das Leben genießen. Sie brauchen vor allem immer wieder: *Zeit*!

Geben Sie sich diese Zeit. Gehen Sie langsam und bedacht vor, lassen Sie sich von Rückschlägen nicht entmutigen. Ruhen Sie aus, wann immer Sie es brauchen, fünf Minuten oder fünf Monate lang. Und dann gehen Sie weiter. So bleiben Sie auf dem richtigen Weg. So kommen Sie an Ihr Ziel.

Und dann sind Sie wieder am Anfang – am Anfang einer neuen Phase Ihres Lebens. Was wird morgen sein? Bleiben Sie gespannt auf alle Fragen, die das Leben Ihnen stellt. Sie haben begonnen, Ihr Leben zu ändern. Es will immer von Ihnen geliebt werden, und jede weitere Veränderung auf dem Weg zu mehr Glück und Lebensfreude wird dazu beitragen, daß es voller Liebe gelebt wird.

STAUNEN IM STUNDENTAKT.
ENTDECKEN SIE DIE WELT
IN 60 MINUTEN.

Eine Anstiftung zum Denken.
Ein Spaziergang durch die Kultur.
Eine Erfrischung für Geist und Laune.

Keine dicken Wälzer.
Keine umständlichen Einführungen.
Keine Langeweile.
Ein Thema, ein Griff,
eine Stunde Lektüregenuß.

Bücher für die Lust,
etwas Neues zu erfahren.

Gott
in 60 Minuten
ISBN 978-3-85179-053-5

Weltwunder
in 60 Minuten
ISBN 978-3-85179-057-3

Harry Potter
in 60 Minuten
ISBN 978-3-85179-059-7

James Bond
in 60 Minuten
ISBN 978-3-85179-058-0

Männer verstehen
in 60 Minuten
ISBN 978-3-85179-060-3

Jakobsweg
in 60 Minuten
ISBN 978-3-85179-056-6

Ändere dein Leben
in 60 Minuten
ISBN 978-3-85179-082-5

Philosophie
in 60 Minuten
ISBN 978-3-85179-054-2

Freimaurer
in 60 Minuten
ISBN 978-3-85179-081-8

Deutsche Rechtschreibung in 60 Minuten
ISBN 978-3-85179-112-9

Feinschmecker
in 60 Minuten
ISBN 978-3-85179-105-1

Weinkenner
in 60 Minuten
ISBN 978-3-85179-129-7

Männermode
in 60 Minuten
ISBN 978-3-85179-140-2

Frauen verstehen
in 60 Minuten
ISBN 978-3-85179-143-3

Ändere dein Leben in 60 Minuten ist eine stark gekürzte und bearbeitete Fassung des 2006 erschienenen Buches *Change your life*.

ISBN 978-3-85179-082-5

4. Auflage 2014

Covergestaltung: Christina Krutz, Biebesheim am Rhein
Layout und Satz:
Christine Paxmann text • konzept • grafik, München
Druck und Bindung: Kösel, Altusried-Krugzell

www.thiele-verlag.com